Email Marketing

Optimiza tus Recursos

Optimiza tus Ingresos

2ª Edición

ARTURO MARÍN VILLA

Copyright © 2016 Arturo Marín Villa

IT Campus Academy

ISBN-13: 978-1523499212

Tabla de contenido

INTRODUCCIÓN 1
   RENTABILIZAR LOS AUTO-RESPONDEDORES 2
SELECCIONAR UN TEMA 5
   LAS ÁREAS DE ESPECIALIZACIÓN 6
      PREGUNTAS PREVIAS.. 7
      LA COMERCIALIZACIÓN 10
      ARRANQUE SU TEMÁTICA 12
LA INVESTIGACIÓN DE MERCADO 15
   LAS BÚSQUEDAS 16
   LOS GRUPOS Y LOS FOROS.................................... 21
   LOS ESTUDIOS DE MERCADO 22
      LAS ENCUESTAS.. 23
      CONFIGURAR LA ENCUESTA 24
      EJEMPLO DE UNA ENCUESTA............................. 26
GENERACIÓN DE CONTENIDO 29
   CREAR CONTENIDO ORIGINAL............................... 29
   LOS PROGRAMAS DE AFILIADOS........................... 31

MENSAJES DE RESPUESTA AUTOMÁTICA 37

LOS COMPONENTES DE UN MENSAJE DE RESPUESTA AUTOMÁTICA 39

EL MENSAJE PERFECTO 41

LOS TESTIMONIOS 43

EVITAR EL SPAM 45

CREAR SU PÁGINA WEB 51

BUSCAR UN DOMINIO 51

BUSCAR UN HOSTING 52

CUENTAS: PayPal Y CLICKBANK 56

CONSTRUIR UNA LISTA OPT-IN 59

LOS MÉTODOS GRATUÍTOS 59

MÉTODOS DE PAGO 61

CONSEGUIR TRÁFICO A SU WEB 69

LO PRIMORDIAL: QUE SUS VISITANTES VUELVAN 70

Acerca del Autor 75

INTRODUCCIÓN

Si alguna vez ha pedido información en línea acerca de un producto o servicio o se ha inscrito en una lista electrónica o pertenece a un grupo en Internet y recibió una respuesta casi instantánea en su bandeja de entrada de correo electrónico de forma inmediatamente, un programa de auto-respondedor fue responsable de la entrega de esta respuesta.

En pocas palabras, los auto-respondedores son programas de correo electrónico que envían un mensaje predefinido en respuesta a cada mensaje de correo electrónico entrante recibido. Algunas respuestas automáticas, como los servicios de registros para la entrada en e-grupos y foros, se hacen inmediatamente: una sola respuesta por cada mensaje recibido. Prácticamente todas las empresas basadas en Internet utilizan auto-respondedores para una amplia variedad de propósitos, desde la automatización de tareas que de otra manera tomaría cientos de horas para la construcción de listas y el seguimiento de posibles clientes potenciales.

Múltiples respuestas automáticas envían una serie de mensajes a direcciones de correo electrónico recibidas en una base oportuna predeterminada. Por ejemplo, un auto-respondedor múltiple puede ser utilizado para enviar una respuesta inmediata; a continuación, un mensaje de seguimiento tres días más tarde, y luego otros cinco días después de eso, y así sucesivamente. Puede ser programado para enviar un mensaje al día, uno por semana, dos veces al mes o en cualquier intervalo que satisface el propósito de la serie de mensajes.

Los auto-respondedores son las más poderosas herramientas de marketing disponibles en Internet. Son fáciles de usar y una vez que se establece todo el proceso de comercialización es automático e instantáneo.

Al utilizar auto-respondedores su negocio en Internet funciona las 24 horas del día todos los días del año. Usar de forma eficaz este sistema puede representar el éxito o fracaso de un negocio.

RENTABILIZAR LOS AUTO-RESPONDEDORES

Casi cualquier negocio en línea puede beneficiarse del uso de auto-respondedores. De hecho, su negocio, partiendo de una campaña adecuada, puede ser construido en torno a un programa de auto-respondedores. Todo lo que necesita es un producto y una serie efectiva de mensajes de respuesta automáticos y usted puede encontrar un gran filón de negocio en la red.

Su auto-respondedor es su gallina de los huevos de oro: esta herramienta de marketing va a vender su producto bien desarrollado de forma mucho más eficaz que cualquier otro tipo de publicidad actual. Unas cuantas ventas son realizadas por compradores compulsivos, especialmente en Internet. Si usted es capaz de conseguir hacer llegar su mensaje a las personas que están interesadas en lo que puede ofrecer verá crecer sus ventas de forma significativa.

Este libro le dará toda la información que necesita para empezar a beneficiarse de este sistema. Usted aprenderá como elegir el tema que mejor se adecue a su negocio y a su situación; la investigación de su mercado y encontrar o desarrollar contenido que la gente quiere comprar; los comienzos para ser el propietario de un sitio Web automatizado; adaptar sus mensajes de respuesta automáticos y a construir una poderosa y eficaz lista de auto-respondedores que van a hacerle ganar dinero incluso mientras duerme.

¡Vamos a comenzar!

SELECCIONAR UN TEMA

Para hacer dinero con auto-respondedores usted necesita un producto. La mayoría de las veces el producto que se está vendiendo es información: cualquier tipo de libro, e-curso, boletines de noticias, CD o programas de audio descargables, etc. Su tema debe ser algo que atraiga a una gran cantidad de público –por ejemplo poner en venta un libro centrado en las boas podría tener un público objetivo reducido o lo que es lo mismo: muy poca gente habrá pensado en adquirir uno. En este caso, la base de ventas sería limitada (por decirlo suavemente). Por otro lado, si su libro o producto dice a la gente como conseguir ganar quinientos dólares por minuto, bueno, es posible que el número de posibles compradores potenciales sea superior al del ejemplo anterior.

Además su tema debe ser un área en la que usted tenga interés o experiencia personal, de esta forma podrá poner su pasión en su material de marketing y la gente será capaz de apreciar que usted cree en lo que está vendiendo, lo cual, genera confianza y potencia las ventas.

En este capítulo hablaremos de cómo elegir un tema que abarca ambas áreas: una gran aceptación y su interés o experiencia personal que lo respalde.

LAS ÁREAS DE ESPECIALIZACIÓN

Las personas a las que les gusta el trabajo que realizan son más felices. Su entusiasmo se refleja en su trabajo y a menudo reciben promociones y aumentos al atraer a un gran número de clientes sin apenas intentarlo.

Si se siente cómodo hablando de su producto y le apasiona el tema, su confianza se extenderá a todas las áreas de su programa de auto-respondedores. Usted recibirá los comentarios de los compradores que están satisfechos con su servicio al tiempo que será capaz de ganarse la confianza de los consumidores ya que estos saben que respalda su producto al 100 por ciento.

Un aspecto del desarrollo de su interés personal en un tema es usar realmente la información que está ofreciendo para usted mismo. De esta forma, cuando se discutan los beneficios de comprar su producto, usted será capaz de utilizar su propia experiencia.

Otra parte importante de la elección de su tema es la identificación de su área de especialización. Esto no significa que tenga que ser un "experto". Sólo significa que será mucho más fácil para usted vender un producto si sabe mucho sobre el mismo y le será más fácil a sus compradores animarse a invertir su dinero en él cuando saben que se lo está ofreciendo una fuente bien informada.

¿Cree que no tiene un área de especialización? Seguramente esto no es así, usted puede saber más de lo que cree. Los temas sobre los que usted está familiarizado no tienen por qué proceder de un trabajo o un curso universitario.

Tomemos el siguiente cuestionario para ayudarle a determinar sus intereses y conocimientos ocultos o desarrollar y afinar las zonas que ya sabe que le interesan.

PREGUNTAS PREVIAS

Conteste las siguientes preguntas lo más detalladamente posible para descubrir el tema que mejor se adapte a usted y que le ayudará a tener éxito en su campaña de auto-respondedores.

1.- **¿Quién es usted?** Esto suena demasiado simple para ser útil pero usted se sorprenderá de cómo ver sus datos demográficos personales le pueden dar una idea de cuáles son los temas que mejor se adaptan a usted. Anote la siguiente información sobre usted:

Nombre, edad y género

Donde vive: ¿Casa o apartamento? ¿Ciudad o suburbio? ¿Barrio nuevo o viejo? ¿Área del país?

¿Elegante o informal? ¿Religioso o no?

2.- **¿Qué ha hecho?** Enumere cada trabajo, incluyendo detalles de todas sus funciones, sea creativo, dese los títulos con el mejor sonido que se pueda imaginar. Por ejemplo: si usted trabajó en un restaurante de comida rápida podría definirse como especialista en servicio al cliente, técnico de servicio de alimentación o de saneamiento. Esto no lo verá nadie pero le servirá para aumentar su confianza.

3.- ¿Qué más ha hecho? Piense en alguna afición en la que participe, temas sobre los que se haya interesado en la escuela o en el trabajo o cualquier objeto que haya podido despertar un interés personal y actuado sobre ello.

4.- ¿A dónde va? ¿Dónde es más probable que pase su tiempo: en un parque o en un centro comercial? ¿Viaja mucho o prefiere quedarse en casa? ¿Dónde ha ido y a donde le gustaría viajar próximamente?

5.- ¿Con quién le gusta pasar el rato? Sus amigos pueden decir mucho acerca de usted y de la forma en la que se relaciona con los demás. **¿La mayoría de sus amigos son de su mismo sexo o lo contrario? ¿Mayores, más jóvenes o de la misma edad?** Piense acerca de las actividades que hacen juntos. Usted puede incluir también a sus amigos en línea, gente que podría haber conocido en foros o chats y con los que intercambia correspondencia regular. Cualesquier interés común que comparta con sus amigos puede ayudarle a usted a escoger un tema con el que se sienta cómodo.

NOTA: La construcción de la credibilidad. Cuando trabaja con auto-respondedores usted no tiene que preocuparse por la credibilidad. Su producto bien desarrollado hablará por sí mismo. Sin embargo, si usted no tiene experiencia previa relacionada con el tema elegido y se sentirá más seguro con credenciales, hay varias formas sencillas de posicionarse como un experto en su campo.

TESTIMONIOS. Los testimonios son las declaraciones de los clientes acerca de su satisfacción con el producto. Estos pueden variar desde textos cortos a cartas de una página y se pueden utilizar para una amplia variedad de propósitos, incluyendo el establecimiento de la credibilidad. Hablaremos del tema en mayor profundidad en próximos capítulos.

LOS ARTÍCULOS. Si elige un tema en el que está interesado pero en el que no haya trabajado, deberá hacer algunas investigaciones. Para aumentar sus conocimientos puede escribir artículos cortos informativos y así incrementar su experiencia en la materia y además hacer ver a su público que tiene conocimientos sobre el tema. Hay muchos sitios Web en busca de contenido que estarán encantados de publicar sus artículos en línea incluyendo su autoría y un link a su Web. Busque sitios relacionados con su tema o trate de enviar sus artículos a Webs de contenido general. Difundir su nombre por Internet será positivo para su negocio.

Algunas Webs interesantes en este sentido serían:

- **iSnare.com**: Mantiene una base de datos de más de 200.000 artículos libres. Inscríbase y añada sus artículos allí.

- **ArticleBeach**: Un directorio para buscar artículos. Envíe sus artículos para su publicación aquí.

- **EzineArticles**: Permite a los editores publicar artículos informativos gratis para su uso en sitios de otras personas o en su boletín de noticias.

- **IdeaMarketers.com**: Artículos gratuitos y contenido Web para los propietarios de sitios Web. Envíe su artículo para mostrar su trabajo y conseguir más contenido para su sitio.

- **ArticleCity.com**: Otra base de datos de artículos para su uso gratuito por parte del público en línea.

LA COMERCIALIZACIÓN

Hemos mencionado que el tema que usted elija debe no sólo ser de interés para usted sino que también debe tener una gran aceptación. Este es el factor de comercialización. Usted tendrá que ser capaz de hacer su producto interesante y atractivo para los compradores. Así que tendrá que escoger un tema con el que se relacione una amplia audiencia.

¿Cómo puede saber si su tema interesará a suficientes compradores para hacer de su campaña de auto-respondedores un éxito? El siguiente cuestionario le ayudará a determinar el factor de comercialización de su producto:

El factor de comerciabilidad

Conteste las siguientes preguntas lo más detalladamente posible para ayudar a averiguar si su tema tiene un atractivo mercado de masas.

1.- **¿Con qué frecuencia se escucha el tema en las noticias?** Si los medios de comunicación consideran su tema lo suficientemente importante como para informar con regularidad, es probable que sea algo en lo que muchas personas tengan interés. Las televisiones, revistas y periódicos están buscando continuamente noticias con grandes audiencias para la información que emiten.

2.- **¿Cuántos productos se encuentran disponibles en el mercado en relación con su tema?** Descubrir que usted tiene una gran cantidad de competencia no es necesariamente algo malo. Simplemente significa que hay una base de consumidores lo suficientemente grande como para apoyar los productos que tienen que ver con el tema y que incluirá su producto.

3.- ¿Cuál es el rango de edad aproximada de las personas que encontrarían su tema interesante? Los mejores temas tienen un gran atractivo demográfico. Si el tema puede interesar a cualquiera persona desde adolescentes hasta a jubilados, usted tiene una gran oportunidad de creación y venta de un producto de éxito.

4.- ¿A qué velocidad habría que actuar en un gran negocio para un producto en relación con su tema? ¿Qué hay de sus amigos? ¿Hay alguna ganga en el tema que ha elegido? Y qué hay de su público objetivo: **¿es fácil de alcanzar?** Cuanto antes se pueda despertar el interés en la gente en una venta es más probable que su campaña sea más rentable.

5.- ¿Cuáles son los beneficios de conocer más sobre el tema que los clientes? La gente quiere saber qué van a obtener lo que pagan por un producto. Su tema debe ser capaz de proporcionar a los compradores un poco de conocimiento tangible o habilidad que no tendrían sino hubieran adquirido su producto. Ser capaz de enumerar las ventajas de su producto también le ayudará en su comercialización.

Cuestionario para averiguar el factor de comerciabilidad. La versión rápida:

¿Preparado? Conteste sí o no:

1. ¿Aparece su tema mucho en las noticias?

2. ¿Existe competencia?

3. ¿Su tema es atractivo para un amplio rango de edades?

4. ¿Usted o sus amigos compran productos relacionados con su tema?

5. ¿Tiene beneficios útiles?

Si contestó "sí" a por lo menos cuatro de estas preguntas, ¡enhorabuena! Su tema es comercializable así que proceda con confianza, va por el camino correcto.

ARRANQUE SU TEMÁTICA

¿Aún no tiene idea de por dónde empezar? He aquí una lista parcial de temas para elegir que tiene altos factores de bursatilidad:

- Hacer dinero
- Invertir dinero
- Ahorrar dinero en las compras
- Empezar un negocio (en línea o tradicional)
- Como llevar un sitio rentable
- Perdida de peso y dietas
- Gestionar el tiempo
- Relaciones y citas

- Encontrar trabajo
- Trabajar desde casa

LA INVESTIGACIÓN DE MERCADO

Ahora que usted ya ha elegido un tema, es el momento de que conozca su mercado. Si la palabra investigación le hace empezar a sudar y experimentar escenas en retrospectiva de todo el tiempo que pasó en la escuela estudiando minuciosamente libro tras libro, escribiendo notas y preguntándose porque los profesores parecían disfrutar torturando a sus alumnos, no se preocupe, es más fácil de lo que cree. De hecho hasta puede que le resulte divertido.

El propósito de la investigación de su mercado es muy importante: va a determinar quién va a comprar su producto, tanto dentro como fuera de la red y cómo puede llegar mejor a través de la publicidad de su programa de auto-respondedores. Cuanto más se pueda identificar con su mercado objetivo, mayor éxito y ganancias va a obtener.

Hay muchos métodos para realizar estudios de mercado. Vamos a cubrir los más eficaces. Todos los ejemplos que se muestran son rápidos, fáciles y lo mejor de todo... gratis. Para obtener los mejores resultados, utilice cada uno de ellos y ármese con tanta información como sea posible. De esta forma, al iniciar su campaña de auto-respondedores, sus ganancias serán verdaderamente automáticas.

LAS BÚSQUEDAS

Las búsquedas en Internet son extremadamente eficaces en la búsqueda no sólo de cómo es de popular su tema, sino de cómo configurar su auto-respondedor para obtener los máximos resultados. La mayoría de los usuarios de Internet encuentran lo que están buscando utilizando un motor de búsqueda Web general como Google o uno específico como eBay o Amazon. Una búsqueda rápida de su tema pondrá de manifiesto cuántas personas están interesadas y lo que les convence para probar sus productos.

GOOGLE

Sin lugar a dudas, Google es el motor de búsqueda por Internet más popular llegando al punto de que se ha convertido en un sinónimo de la opción de ejecutar una búsqueda en Internet. Muchos vendedores en Internet hacen aumentar su ranking para aparecer en los primeros puestos de resultados de Google, empleando componentes clave en sus campañas publicitarias. La obtención de un buen rango en Google (y aparecer en la primera página de resultados de búsqueda) es similar a ganar una medalla de oro olímpica en el mundo del marketing.

La clave del éxito de la publicidad en Google y otras Webs es la utilización de palabras clave adecuadas.

¿Cómo puede ayudarle con su investigación de mercado? Mediante el estudio de los resultados de búsqueda de las páginas que usted encuentra a través de palabras clave relacionadas con su tema, puede averiguar lo que estos sitios están haciendo para lograr el éxito en el posicionamiento en un motor de búsqueda. Los siguientes pasos le ayudarán a ejecutar una búsqueda efectiva en Google:

1.-**Lista las palabras clave relacionadas con tu tema**. Por ejemplo, si su tema es "trabajar desde casa", su lista de palabras clave podría ser: trabajar desde casa, trabajar desde casa, trabajo en casa, teletrabajo, trabajo a distancia, trabajando en el hogar.

2.-**Vaya a la página principal de Google** y escriba su primera palabra clave o frase, a continuación haga clic en "Buscar en Google".

NOTA: *si usted no está familiarizado con Google, al hacer clic en "Voy a tener suerte" no se producirá una lista de sitios Web; le llevará al sitio más relevante para la palabra clave. Pero si usted está de humor y quiere divertirse, puede probar con "Voy a tener suerte", sólo por diversión.*

Cuando reciba los resultados de la búsqueda eche un vistazo a las páginas que son relevantes para su tema (los motores de búsqueda no son exactos al cien por cien y a veces se encontrará con resultados que no se relacionan con su tema). La mejor manera de hacerlo es hacer clic en el botón derecho sobre los enlaces que desea visitar y luego seleccionar "Abrir en una nueva ventana", así no tendrá que cerrar la página de resultados.

3.-**Observe la forma en la que los sitios se presentan**: son atractivos y fáciles de leer o son difíciles de ver; que tipo de texto hay en la primera página (es informativa); hay errores de ortografía y/o gramática; hay un producto disponible obvio; si hay un contador de visitas, tenga en cuenta el número de visitantes que han visto el sitio.

4.-**Repita este proceso con el resto de palabras clave**. Usted encontrará a menudo que los mismos sitios aparecen en el top 10 para diferentes búsquedas relacionadas. Preste especial atención a estos; son los que usted puede querer emular al crear un sitio Web para su auto-respondedor.

NOTA: *si ejecuta una búsqueda en Google sobre el tema y sólo encuentra dos o tres sitios Web relacionados antes de los resultados no relacionados esto puede indicar que hay un mercado limitado para su tema. En este caso debe reescribir sus palabras clave y vuelva a intentarlo o considere la elección de un tema completamente diferente.*

EBAY

Se dice que uno puede comprar cualquier cosa en eBay, desde coches a ordenadores o ropa usada por celebridades. Este enorme mercado de subastas en línea es un paraíso para los compradores y vendedores en busca de grandes ofertas desde la comodidad de sus propios hogares. La búsqueda de productos relacionados con el tema en eBay puede ayudar a su mercado. También le ayudará a determinar la cantidad de compradores que están dispuestos a pagar por productos relacionados con su tema.

Siga estos pasos para explotar eBay para obtener más información:

Cree su cuenta gratuita en eBay. Esta personaliza su experiencia y permite que eBay le proporcione la información pertinente cada vez que visita la Web.

Vaya a la página principal de eBay e introduzca sus datos.

Escoja una de las categorías en el lado izquierdo de la página que es relevante y navegue a través de los anuncios o busque un elemento o tema concreto utilizando la barra de búsqueda en la parte superior de la página.

Tome nota del precio que la gente está dispuesta a pagar por los artículos o productos relacionados con el tema. Esto le dará una idea general de lo que debe cobrar por el suyo. Además tenga en cuenta la cantidad de productos disponibles en relación con su tema en comparación con otros temas. Esto no se limita a los libros, usted puede encontrar CDs, programas de audio, etc.

AMAZON

Amazon.com, el "otro" gigante consumidor en Internet, es similar a eBay en que se puede encontrar casi cualquier cosa que uno quiera comprar. En este sitio hay una gran selección de productos, como películas, música, productos electrónicos, juguetes, joyas, ropa y accesorios, etc. Mientras que eBay se centra en la venta de productos a través de subastas y anuncios clasificados, Amazon pone a la venta nuevos productos junto con una buena dosis de vendedores independientes que promocionan mercancías usadas o nuevas. Su objetivo al introducirse en Amazon es doble: por un lado identificará a su competencia y averiguará que tan popular es su tema al tiempo que se familiarizará con el funcionamiento de Amazon con lo que podrá plantearse la posibilidad de vender su producto a través de este canal. Para introducirse siga estos pasos:

- Cree una cuenta en Amazon sino dispone de una ya. Al igual que en eBay, Amazon le dará recomendaciones personalizadas en base a sus búsquedas e histórico de ventas, y le mantendrá actualizado con la última información disponible sobre el tema.

- Una vez que se ha registrado, vaya a la página principal de Amazon y conéctese.

- Usando la barra de búsqueda en la parte superior de la página, seleccione "Libros" de la lista desplegable y escriba su tema o palabras clave. Los resultados que obtiene serán tanto libros impresos como electrónicos.

- Tome nota de los precios y el número de títulos disponibles en relación con su tema. Además es posible que desee considerar visitar las secciones en las páginas de los productos que usted visita. Recorrer las secciones de Listmania (programa de Amazon que promueve recomendaciones a sus clientes)

- Una vez que encuentre su producto, si se desplaza hacia abajo encontrará más artículos similares por categoría y artículos similares por tema. De esta forma, usted puede navegar a través de los productos disponibles relacionados con el tema sin tener que volver a la página de resultados.

LOS GRUPOS Y LOS FOROS

Internet es una comunidad mundial que conecta a personas con intereses comunes que de otra forma nunca habrían tenido la oportunidad de conocerse. Hay grupos y foros dedicados a casi cualquier tema imaginable. Para usted, el principal beneficio de la búsqueda de un grupo o foro relacionado con la materia es un grupo pre-ensamblado de gente que sabe que están interesados en lo que puede ofrecer.

Cuando se trata de grupos y foros, lo peor que puede hacer es unirse de inmediato y solicitar a los participantes que compren su producto. Para los miembros de un grupo de Internet, esto es como cuando un vendedor aparece sin invitación a la puerta principal de sus casas. A lo sumo ignorarán su mensaje y, en el peor caso, puede que le prohíban el acceso antes incluso de empezar a participar en el foro. Cuando encuentre grupos o foros relacionados con el tema, pase algún tiempo curioseando a su alrededor, lea los comentarios de los otros usuarios y participe respondiendo a preguntas. Una vez que haya colaborado en algunos post podrá empezar a hablar de su producto ya que los otros miembros lo conocerán y usted contará con una audiencia más receptiva. Durante este tiempo, anote lo que le gusta y no al grupo, las cosas en las que más personas están interesadas suelen despertar largas discusiones.

Preste atención a los datos demográficos generales del grupo también ¿Cómo es el miembro estándar del grupo? Esto le ayudará a perfeccionar más allá de su mercado objetivo.

Aquí hay algunos lugares para empezar la búsqueda de grupos y foros:

- **Yahoo! Grupos**: es un directorio de los grupos y foros en línea organizados por Yahoo! La empresa Yahoo! es uno de los proveedores más de populares de estos sitios e incluso podría considerar crear su propio grupo libre para que pueda conocer su mercado objetivo mejor.

- **Búsqueda de grupos en Google**: este mantiene listados de motores independientes para los sitios Web, imágenes y grupos. Sólo tiene que insertar el tema o las palabras clave oportunas para encontrar grupos en la red relacionados con la materia. También puede crear sus propios grupos de forma gratuita con Google.

- **Grupos MSN**: otra comunidad en línea de grupos y foros con un índice para búsqueda por categorías. MSN tiene la opción de formar grupos y salas de Chat.

- **Delphi foros**: un directorio de foros de Internet, también permite la búsqueda por tema o palabras clave y permite la creación de su propio foro de discusión.

LOS ESTUDIOS DE MERCADO

Los estudios de mercado son herramientas muy valiosas para descubrir información precisa de su público objetivo. Este método es tan importante que hay varias empresas que han hecho de este punto su negocio, proporcionando estudios de mercado a otras empresas por una tarifa. La buena noticia es que usted puede llevar a cabo estudios de mercado sin tener que invertir ni un centavo y aun así obtener grandes resultados.

Lo ideal sería establecer un estudio de marketing después de que haya creado una lista opt-in, de la que hablaremos más adelante en este libro. Pero usted puede comenzar a minar su mercado de la información incluso antes de tener el producto listo. Los grupos y los foros son buenos lugares para empezar o puede poner en marcha un mini-site gratis sólo para publicar su encuesta, en donde puede dar de alta a amigos y a familiares para ayudarle rellenando el formulario.

LAS ENCUESTAS

¿Alguna vez ha recibido una oferta para un regalo muy apetecible siempre y cuando rellene una encuesta... sólo para descubrir que las preguntas que había que contestar eran más de las que había previsto y que la encuesta le tomaría más tiempo del que estaba dispuesto a invertir por el regalo ofrecido? Este es un claro ejemplo de encuesta de marketing ineficaz. Usted no quiere perder el interés de los consumidores antes de que lleguen a la parte buena: su producto.

El principio KISS (Keep It Simple Stupid) debe aplicarse generosamente a las encuestas de marketing. Cuanto más fácil más probable es que la gente complete la encuesta. Establezca un tope de 20 preguntas o menos, incluyendo información demográfica (edad, sexo y ubicación – no pida nombres ya que la mayoría de la gente prefiere mantenerse en el anonimato). Además asegúrese de que todas las respuestas puedan ser si/no o de opción múltiple e incluir espacio para comentarios adicionales.

Una encuesta bien diseñada impresionará a sus clientes y eso significa más ventas. Una gran manera de recibir encuestas completadas es ofreciendo un incentivo gratis al finalizarlas. Esto puede ser un libro electrónico, un mini-curso u otro. Si ofrece regalar un producto asegúrese de indicar que sólo un número limitado de participantes recibirán el premio, esto crea urgencia y ayuda a aumentar las respuestas.

CONFIGURAR LA ENCUESTA

Hay muchas maneras de enviar una encuesta. Una forma es componer un correo electrónico y solicitar a la gente que pulse en "Responder" y rellenar las respuestas. Este método es fácil de configurar pero algunas personas no responderían simplemente porque no sabrían como agregar texto a una respuesta. También debido a las diferencias en los navegadores y programas de correo algunas pueden ser entrecortadas y difíciles de interpretar.

Otro método es la creación de un formulario Web que envía las respuestas a su bandeja de entrada. La mayoría de ellos son simples y libres de establecer; cuando usted envía su solicitud de encuesta sólo tendría que incluir un enlace a su formulario en el e-mail. He aquí un listado de sitios donde puede configurar un formulario Web gratuito para su estudio de mercado:

- **Survey Console**: una versión de prueba de treinta días le permite probar más de 400 plantillas de encuestas para su sitio Web.

NOTA: Treinta días es tiempo suficiente para haber recibido una buena cantidad de respuestas para componer su estudio.

- **SurveyShare.com**: al suscribirse a una membresía gratuita, usted recibirá gratis software de creación de encuestas y acceso a encuestas en línea.

- **BlueSQL.com**: servicio de creación de encuestas por Internet gratuito que le permite incluir listas desplegables, botones de radio, cajas de comentarios y mucho más. Podrá consultar los resultados de la encuesta en línea y tener resultados individuales enviados directamente a los participantes.

Cuando tenga enlaces de e-mailing a su encuesta asegúrese de que el asunto sea convincente, con un texto corto y directo, sobre todo si está enviando la encuesta a personas que no han pedido tomar parte en la misma. Un ejemplo sería el siguiente:

[ASUNTO:] Usted está a pocos clics de recibir un regalo gratuito

¿Se está preguntando cómo? Estamos desarrollando un emocionante nuevo libro sobre la manera de conseguir precisamente eso y necesitamos su participación. Y sólo por dedicar unos segundos en responder una serie de sencillas preguntas le daremos gratuitamente un maravilloso obsequio.

Haga clic aquí para participar en la encuesta y reclamar su obsequio: **[link a la encuesta]**

***NOTA**: no utilice mayúsculas en la línea del asunto o en el cuerpo del e-mail. Muchos de los filtros antispam descartan los mensajes que tienen letras mayúsculas en exceso con lo que su mensaje se perderá antes de llegar a su destino.*

Publicar encuestas en su sitio Web es una herramienta útil incluso más allá de la fase de comercialización. El carácter interactivo de un sitio Web hará que más gente vuelva a visitarlo.

EJEMPLO DE UNA ENCUESTA

He aquí un ejemplo de encuesta de marketing utilizando preguntas sencillas y con respuestas de opción múltiple:

EJEMPLO DE ENCUESTA

Rango de edad: ___ Menos de 18 ___ 18-25 ___ 26-35 ___ 36-45 ___ 46-64 ___ 65 +

Genero (opcional):* ___ M ___ F * *Nota: Siempre debe ser opcional. La mayoría de la gente responde a la pregunta siempre que no se pide un nombre.*

Ubicación (estado o país): _____

¿Con qué frecuencia compra productos en Internet? ___ Con frecuencia ___ Alguna vez ___ Casi nunca ___ Nunca

¿Con qué frecuencia compra productos [TEMA]? ___ Con frecuencia ___ Alguna vez ___ Casi nunca ___ Nunca

¿Actualmente posee algún producto relacionado con el [TEMA]? ___ Sí ___ No

¿Estaría usted interesado en [breve descripción de su producto]? ___ Sí ___ No

En caso afirmativo, ¿Cuánto pagaría por [PRODUCTO]? ___ ¿Volvería a comprar [PRODUCTO] si estuviera en oferta? ___ Sí ___ No

¿Dónde estaría más dispuesto a comprar el [PRODUCTO]? ___ Web empresa ___ Otra Web ___ Amazon ___ EBay ___ Tienda física ___ Otro

¿Hay algo más que usted cree que deberíamos saber? _____

¿Le gustaría unirse a nuestra lista y recibir actualizaciones de productos e información útil? ___ Sí ___ No

Gracias por participar en nuestra encuesta. Para responder y recibir su regalo gratis pulse aquí **[link]**

GENERACIÓN DE CONTENIDO

Su contenido es su producto: libro, libro electrónico, e-curso, CD, programa, etc. Esta es la información por la que la gente pagará. Usted debe ofrecer información de alta calidad sobre el tema que de otra forma no sería asequible sin comprar su producto u otro similar.

Hay dos formas de obtener contenido: crearlo usted mismo o ser miembro de un programa de afiliados. Cada método tiene sus ventajas y desventajas. Revise cada uno de ellos y escoja el que sea más adecuado para usted.

CREAR CONTENIDO ORIGINAL

Si usted cuenta con mucha información sobre el tema, o espera conseguirla, es posible que desee considerar la creación de contenido original al escribir su libro electrónico o e-curso propio. La principal ventaja de la creación de su propio contenido es la ventaja competitiva que ganará. Con los programas de afiliados hay varias personas que venden el mismo producto. Sin embargo, si usted escribe el libro o programa usted mismo pondrá a la venta un producto que no se podrá encontrar en otro lugar.

Otro de los beneficios de la creación de su propio contenido es la capacidad de instituir un programa de afiliados o reventa. Esto significa reclutar a otros vendedores en línea para vender su producto por usted y recibir un porcentaje de las ganancias (con programas de afiliados) o una tarifa fija por el derecho de vender su producto (con programas de reventa).

La desventaja del contenido original es la inversión de tiempo que usted debe hacer. Si no tiene un amplio conocimiento o no está especializado en el tema elegido, es posible que desee inscribirse en un programa de afiliados.

Hoy en día es fácil crear su propio e-libro. Muchos equipos nuevos vienen con software de autoedición que le permite dar formato, añadir gráficos y enlaces sin apenas conocimientos en la materia. También puede encontrar software gratuito o de bajo coste para la creación de e-libros, incluyendo la portada, que es una parte integral de su libro electrónico ya que será lo primero que los compradores verán a la hora de considerar la adquisición de su producto. A continuación listaremos varios programas de creación de libros electrónicos:

- **Easy Ebook Creator** → es un programa con todas las funciones, fácil de usar y que viene con todos los derechos de reventa. Esto significa que usted no sólo puede crear su libro, sino que también puede vender el programa para obtener un mayor beneficio.

- **Ebook Compiler** → es otro sencillo programa para crear e-libros con todas las funciones.

- **Crea tu e-libro gratis**→ si usted puede escribir y formatear usando el software de procesamiento de textos de su ordenador con exactitud en la forma en la que desea que aparezca por pantalla, sólo tiene que convertir el archivo a formato PDF (Portable Document File) usando un programa gratuito como Adobe Acrobar Reader. Hay varios sitios que ofrecer la conversión de PDF gratuito.

NOTA: otra ventaja interesante para crear su propio contenido es el siguiente: promocionar su nombre de autor.

CREAR UN CURSO ORIGINAL

Un e-curso es simplemente un libro electrónico dividido en tramos cronometrados, proporcionando la misma información de una forma que se pueda asimilar una porción antes de adentrarse en la siguiente. Los e-cursos se pueden mejorar con preguntas de autoaprendizaje y elementos interactivos: cuanto más ofrezca a los consumidores más satisfechos estarán y más podrá cobrar.

La creación de un e-curso para su distribución es más fácil que preparar un libro electrónico. Simplemente determine cuantas partes tendrá, divida la información en segmentos y ponga en marcha su programa de auto-respondedores. Con un e-curso tendrá dos series de auto-respondedores: los que ofrecen el producto (mensaje de marketing) y el que contiene el producto real.

LOS PROGRAMAS DE AFILIADOS

Cuando se trata de la obtención de beneficios con los programas de respuesta automática, la mayoría de las personas optan por convertirse en afiliado o revendedor de un producto ya existente. La ventaja de este método es evidente: su contenido ya está creado para usted y todo lo que tiene que hacer es venderlo.

En primer lugar, vamos a definir la diferencia entre los

programas de afiliados y de reventa:

Los programas de afiliados: muchos programas para una amplia gama de temas en Internet usan los afiliados para incrementar sus ventas. Es libre unirse a un programa de afiliados pero sólo obtendrá un porcentaje de las ganancias obtenidas por las ventas (si bien es cierto que este porcentaje suele ser elevado) ya que el resto va para la sociedad dominante.

Además, la mayoría de los programas de afiliados ofrecen bonos en forma de dinero o "rango" cuando consigue afiliados por debajo de usted. Cuanto más alto es el rango mayor exposición a su sitio de afiliado recibe.

Los programas de afiliados lo crean todo para usted, proporcionándole un sitio Web con una URL diferente. Por desgracia, la URL sólo se diferencia en unos pocos caracteres de las del resto de afiliados, por lo que es fácil que un comprador llegue a otra Web buscando la suya. Este problema puede ser minimizado o eliminado mediando el uso de NameStick, un servicio de racionalización de URL que veremos más adelante.

Programas de reventa: en los programas de reventa, tendrá que pagar una cuota única para adquirir el programa y todos los derechos de comercialización. Esto significa que usted puede vender el programa y mantener el 100% de las ganancias. La principal diferencia entre este sistema y el anterior es la tasa de ganancia e inversión inicial.

Los programas de afiliados no requieren ninguna inversión inicial pero tardan más en alcanzar los niveles de beneficios obtenidos mediante la retención de la totalidad del precio del programa.

LOS PROGRAMAS DE AFILIADOS Y REVENTA

Lo principal es recordar lo siguiente: cientos de personas están vendiendo el mismo producto que usted. Una de las cosas más importantes que debe hacer con los programas de afiliados y reventa es mantener un ojo en su competencia y tratar de hacer que su producto resulte más atractivo que el de los demás. Hay varios factores a tener en cuenta en este proceso:

- **Precio**: este aspecto es obvio. Puede que no tenga mucho margen de maniobra en la fijación de precios con los programas de afiliados pero con los programas de reventa usted puede conseguir mucho beneficio fijando su precio un poco más bajo que la competencia.

- **Mensaje** de marketing: haga que sus series de auto-respondedores sean más convincentes que las de la competencia y así más gente va a seguir sus enlaces y a comprar su producto. Más adelante en este libro vamos a discutir la elaboración de mensajes de respuesta automática de gran alcance que consiguen resultados. También encontrará información sobre la configuración de su sitio Web para atraer clientes y destacarse de la competencia.

- **Bonus**: a todo el mundo le encanta recibir algo gratis. Usted puede regalar libros electrónicos, mini-cursos basados en el contenido de su producto o suscripciones a boletines gratuitos (siempre que su contenido valga la pena) y que de otra forma el comprador no podría haberlo adquirido si hubiera comprado el producto a otro vendedor.

Al contar con un producto ya desarrollado y que la gente quiere comprar usted es libre de concentrarse en la comercialización. El elaborar un buen mensaje para su campaña auto-respondedor le ayudará a incrementar sus ventas y a mantener sus ventas con poco esfuerzo.

EL COMIENZO

Una simple búsqueda en Google sobre el tema en el que se quiere centrar le proporcionará un montón de opciones para que pueda elegir. También, siguiendo algunos de los muchos directorios de programas de afiliados y programas de reventa, buscar grupos y agruparlos por temas le ayudarán.

LOS AFILIADOS Y LOS PROGRAMAS DE REVENTA

- **Affiliate Match**: un amplio directorio de más de 2.000 programas de afiliados en diversos temas. El sitio también ofrece información sobre cómo hacer la mayor parte de los programas de afiliados.

- **AssociatePrograms.com**: otro amplio directorio con más de 8.000 programas, que también contiene una gran cantidad de información sobre cómo los programas de afiliados hacen el trabajo para usted.

- **Affiliate Programas Directory**: más de 40 temas con miles de programas de afiliados. Este sitio se actualiza con frecuencia para proporcionar lo último y más caliente en los programas de afiliados.

- **2-Tier**: más de 2.000 programas de afiliación, búsqueda y agrupados por categorías.

- **Affiliate Program Directory & Network Reviews**: este sitio enumera revisiones de los programas de afiliados y también acoge un foro de discusión de programas de afiliados.

- **Affiliate Hangout**: directorio de programas de afiliados y un programa de intercambio de enlaces para ayudar a aumentar el tráfico Web a sus sitios de afiliados.

- **SponsorDirectory.com**: realizar búsquedas de temas, agrupados por directorios de afiliados, con más de 6.000 programas enumerados y una extensa sección de recursos del programa de afiliados.

- **PayMeUp.com**: este sitio tiene una lista de 200 programas de afiliados y revendedores, pero es selectivo en sus listados y promueve sólo los programas mejor pagados y más eficaces.

- **earnFind.com**: proporciona un vasto directorio de programas de afiliados, las tasas pagadas y da información sobre los proveedores de software más populares para iniciar su propio programa de afiliados.

- **ClicksLink**: más de 3.000 programas de afiliados que cuentan con secciones dedicadas a los nuevos programas y a los mejores.

Recuerde que la clave para tener éxito con los programas de afiliados y reventas pasa por crear una serie de auto-respondedores fenomenal que enganche a los suscriptores y lleve paso a paso a la venta. Ahora vamos a explorar exactamente cómo crear esos mensajes atractivos y empezar a obtener beneficios.

MENSAJES DE RESPUESTA AUTOMÁTICA

La creación de una gran serie de mensajes de respuesta automática es la clave para hacer dinero en serio en Internet. Los estudios han demostrado que la mayoría de los consumidores compran sólo después de la exposición repetida a un producto. Tener un sistema de respuesta automática es la forma automatizada y sin problemas para poner su producto al frente de los compradores interesados y moverlos a comprar su producto.

Un desglose aproximado del porcentaje de personas que compran de acuerdo a la exposición del producto es:

- **16%** después de uno o dos mensajes
- **34%** después de tres o cuatro mensajes
- **34%** después de cinco o seis mensajes
- **16%** después de siete o más mensajes (y el paso de una cantidad considerable de tiempo para la deliberación)

Esto significa que el mayor porcentaje de su mercado objetivo va a comprar después de recibir cinco o siete mensajes acerca de su producto. Para construir una campaña de auto-respondedores eficaz usted debe preparar ocho o diez mensajes para cargar en su programa. Cada mensaje debe basarse en el anterior y hacer que su producto sea más atractivo para los compradores. Hay varios métodos que puede utilizar para aumentar el interés a través de mensajes de respuesta automáticas.

Una vez que haya creado sus mensajes de autorespondedor tendrá que determinar el momento. Usted puede enviar uno al día, a intervalos de un día con seguimientos semanales (se recomienda esto para e-cursos), una vez por semana o a cualquier intervalo que usted considere adecuado.

Los siguientes son consejos concretos sobre cómo crear mensajes de respuesta automática que vendan su producto por usted. Usted conocerá lo que debe decir, como decirlo, como dar el formato adecuado y como evitar que sus mensajes terminen directamente en la carpeta de correo no deseado (spam) directamente.

LOS COMPONENTES DE UN MENSAJE DE RESPUESTA AUTOMÁTICA

Entonces ¿cómo debe ser exactamente la composición de un mensaje de respuesta automática? He aquí un desglose de lo que sus mensajes deben contener.

NOTA: *estas directrices son sólo eso DIRECTRICES. No existe un método concreto así que no dude en utilizar su propia creatividad. Esto es sólo una guía para construir mensajes de auto-respuesta.*

ASUNTO.- la línea del asunto es lo primero que la gente verá cuando reciban su mensaje. Por lo tanto, debe ser lo suficientemente convincente para evitar borrar el mensaje recibido y que aún no ha sido leído. ¿Cuál será el contenido en el que será más probable que hagan clic: "¡Gane un millón de dólares mientras duerme!" o "Aumente sus ganancias gracias a Internet"? Es posible que haya pensado que la primera frase es la mejor pero para la mayoría de los usuarios de Internet un mensaje como este es identificado automáticamente como spam y en consecuencia eliminado casi inmediatamente. La siguiente frase indica que usted va a ofrecer información útil sin solicitar nada a cambio. La conclusión es que debe ser discreto y especifico en su línea de asunto para lograr que su mensaje sea abierto por el receptor.

FRASE INICIAL.- digamos que el usuario ha sentido curiosidad y ha abierto el mensaje que usted le ha enviado. Ahora tiene el mensaje abierto y lo primero que ve es lo siguiente: "Gane dinero en grandes cantidades con este programa por tan sólo 495$... ". A estas alturas lo más probable es que el usuario ya haya eliminado el mensaje.

Un mensaje en donde se promete hacer rico a alguien en un corto espacio de tiempo, con errores de ortografía o gramática no va a retener la atención de sus lectores. Sin embargo un mensaje como: "Va a aprender los secretos de venta de las Webs más exitosas que han logrado grandes beneficios gracias a Internet... " captará la atención de los usuarios con mayor probabilidad. En este caso no existe ningún tipo de presión para la compra inmediata de ningún producto, se está ofreciendo algo que resulta beneficioso y que sólo le hará gastar unos minutos de su tiempo.

RENUNCIA.- esto no debe ser largo. Después de la frase inicial debe indicar a las personas que están recibiendo este mensaje porque así lo han solicitado. De esta forma se evitará que hagan clic en el botón de spam y que su Web acabe formando parte de las listas negras de Internet.

INTRODUCCIÓN.- explique en un párrafo conciso exactamente lo que su producto va a hacer por su comprador. Evite el uso de mayúsculas o puntuación excesiva. Esto da mala imagen y es muy probable que borren su mensaje.

SUBTÍTULOS Y MÁS INFORMACIÓN.- escriba subtítulos convincentes, en líneas separadas dentro de su mensaje, que describan ciertos beneficios o secciones de su programa y con párrafos de explicaciones. Uno de estos subtítulos podría ser: "Millones de personas hacen negocios en Internet cada día, ¿esta esto ocurriendo con su Web?" De la información justa para captar el interés pero no demasiada.

LLAMADA A LA ACCIÓN.- después de la información presente su producto. Indique lo que es (libro, e-curso, CD, etc.); donde puede ser adquirido y su precio.

NOTA: *en muchas Webs de afiliados presentan el precio del producto y posteriormente revelan un gran descuento. Si indica un precio alto pero después ofrece un descuento esto dará un incentivo más a la gente para comprarlo. Por ejemplo: "Este sorprendente libro que le desvelará los secretos mejor guardados del marketing en la red está valorado en 395$. A través de nuestro programa lo puede solicitar por tan solo 49,95$".*

INDIQUE INFORMACIÓN FUTURA.- haga saber a sus lectores que próximamente (al día siguiente, en una semana o dos días), le hará llegar el próximo mensaje. El tiempo que debe indicar es el que ha establecido en su auto-respondedor. Asegúrese de incluir un avance de lo que incluirá en su próximo mensaje.

BAJA SUSCRIPCIÓN.- asegúrese de incluir esta opción, es fundamental para el éxito de su campaña. Usted debe dar a sus suscriptores la opción de suspender la recepción de mensajes para evitar ser calificado como spam. La mayoría de los servicios de respuesta automática le proporcionarán una lista para darse de baja automáticamente en todas sus listas de auto-respondedores. Todo lo que tiene que hacer es recordar incluir el enlace en su mensaje.

EL MENSAJE PERFECTO

Debido a la inmensa cantidad de información y productos existentes a día de hoy en el mercado tendrá aproximadamente tres segundos –sí, sólo tres segundos- para lograr atraer el interés de un comprador y que este continúe la lectura. Afortunadamente hay formas de lograr mantener al consumidor interesado en su mensaje:

- **Pasión**.- ¿Recuerda cuando estaba eligiendo el tema para su producto? El interés personal es un elemento clave para la toma de decisiones. Ahora que ya tiene un tema escogido, deje que su pasión por el mismo se refleje en el mensaje de respuesta automática. Mencione los aspectos de su producto que usted encuentra particularmente fascinantes.

- **Escritura informal**.- haga que su mensaje sea leído como si se tratara de una conversación en un restaurante. Palabras complicadas o muy rebuscadas podrían impresionar a algunas personas pero la mayoría de la gente quiere entender el mensaje fácilmente y no tener que consultar un diccionario para comprender lo que dice. Utilice frases cortas, sea sencillo y directo. No tenga miedo de usar contracciones o abreviaturas en lugar de frases más largas. No obstante, asegúrese de que su gramática y ortografía son correctas.

- **Sea personal**.- usted está escribiendo un mensaje que será leído por miles de personas pero cada persona que abra su mensaje es un individuo, al que le guste que lo traten como tal y no como una parte de un público objetivo. Use la palabra "usted" tan a menudo como sea posible y limite el uso de "yo". El objetivo no es recalcar lo maravilloso que es uno sino enseñarles como comprar su producto les beneficiará a ellos y porqué deben invertir en él.

- **Elimine palabras adicionales**.- como se mencionó anteriormente, mantenga su mensaje simple y claro.

- **Emplee lenguaje de acción**.- trate de utilizar verbos de acción siempre que sea posible. Sustituya verbos suaves por otros que den una redacción más fuerte. Escriba mensajes con la confianza de que vale la pena pagar por su producto y sus suscriptores estarán más dispuestos a comprarlo.

- **Razones e incentivos**.- no tenga miedo de repetir los beneficios de su producto. Sin llegar a aburrir a la gente con lo bueno que es su producto, indique en varias ocasiones los beneficios de su producto refuerza las posibilidades de vender su producto.

LOS TESTIMONIOS

Los testimonios son una gran forma de construir la confianza del consumidor en su producto. Al escuchar a otras personas que han comprado su producto lo satisfechos que están con el mismo se genera confianza que incide directamente en el volumen de ventas. Los testimonios pueden ser pequeños comentarios de una o dos líneas a resúmenes más largos. Los testimonios pequeños pueden ser intercalados en sus mensajes de respuesta automática mientras que aquellos más largos son excelentes para su publicación en su sitio Web.

¿Cómo se consiguen testimonios? Una vez que comience la venta de su producto, es probable que reciba mensajes de consumidores satisfechos con la compra, pero incluso antes de iniciar las ventas hay varias formas de obtener testimonios:

- **Amigos y familiares**: pida a sus amigos que prueben su producto y que den su opinión sobre el mismo, porque les gusta y porque lo recomendarían a otros. Esto puede parecer hacer trampa pero el hecho de que usted conozca personalmente a la gente que va a aportar sus testimonios no hace que estos sean falsos, ya que han probado el producto y están hablando de su experiencia, con lo cual no hay nada deshonesto en hacerlo

- **Colegas y expertos en la materia**: si usted trabaja o ha trabajado en un campo relacionado con el tema, pregunte a sus compañeros o ex compañeros de trabajo para que den su opinión del producto. En caso de que no esté vinculado laboralmente al tema, pregunte en grupos o foros relacionados con el mismo.

- **Otros usuarios afiliados**: ¿piensa que todas las personas que están vendiendo el mismo producto que usted son sus enemigos? Piense otra vez. Muchos vendedores en Internet trabajan con programas de afiliados y reventa con lo cual estarán más que interesados en promocionar este tipo de negocios. Obviamente, van a esperar la misma cortesía de su parte.

NOTA: *asegúrese siempre de obtener permiso por escrito de la persona que dio su testimonio para poder hacer uso del mismo, tanto si son conocidos como no, para evitar problemas futuros.*

EVITAR EL SPAM

Tenga en cuenta en la construcción de sus mensajes y de su lista de suscriptores que hay dos tipos de marketing: por sorpresa o correo electrónico no solicitado y por solicitud.

Se recomienda no realizar operaciones de venta de puerta fría, ya que esto se considera spam. Si una cierta cantidad de personas reportan su dirección como spam, será introducido en las listas negras de Internet. Las posibles ventas realizadas bajo esta forma no compensarán el verse considerado como spam.

Por otro lado, la construcción de una lista opt-in es un método aceptable y de gran éxito que le evitará ser etiquetado como un mal negocio. Con una lista opt-in, la gente que se añade a su base de datos de abonados está interesada en el tema.

Este tipo de listas deben tener siempre disponible la opción de cancelar la subscrición, si bien usted se sorprendería de la cantidad de gente que no hace uso de esta opción y que finalmente acaban haciendo clic en su mensaje para recibir más información sobre su producto.

En la preparación de sus mensajes de respuesta automática es imprescindible encontrar el equilibrio entre la excitación y la publicidad de su producto. Debe evitar todo aquello por lo que su mensaje podría ser considerado spam, incluso si los usuarios han solicitado recibir su mensaje.

Esto significa seguir las reglas de creación de mensajes directos y sencillos como se describió anteriormente (sin mayúsculas ni signos de exclamación excesivos). Hay una serie de pautas a seguir para evitar que su mensaje sea considerado spam, junto con las ya mencionadas:

1. No escriba su mensaje en letras de gran tamaño, con colores fuertes o llamativos en exceso y fuentes de letra extrañas. Esto no llamará la atención sobre el producto, sino que pondrá de manifiesto su escasa experiencia. Es perfectamente aceptable el uso de color en los mensajes y de hecho pueden ayudar a mantener la atención, pero en la mayor parte del mensaje es buena idea usar el mismo color y tipo de letra, usando con moderación la cursiva y la negrita.

2. No rellene sus mensajes con gráficos "cool", emoticonos animados o una presentación flash. Todo esto ralentiza la carga considerablemente y mucha gente no va a esperar a que termine la carga del mensaje.

3. No use un lenguaje propio de un Chat. Por mucho que sus usuarios puedan saber lo que significan determinadas combinaciones de letras, no es profesional y no le conseguirá ganar ningún punto a favor.

4. Recordar a la gente que están recibiendo el mensaje porque solicitaron información (o que un amigo sugirió que estarían interesados en recibirla) y que

pueden cancelar la suscripción en cualquier momento.

LOS FILTROS DE SPAM

Casi todos los programas de e-mail han ido incorporando filtros para correo no deseado para enrutar todos los mensajes no deseados a una carpeta independiente cuyos contenidos se eliminan automáticamente por el programa o el propietario de la cuenta. Siguiendo las sugerencias anteriores para evitar mensajes de este tipo y no perder todo su trabajo por un filtro vamos a dar más consejos sobre cómo evitar los filtros de spam y los programas de verificación:

- **La línea de asunto no debe**: incluir nunca una línea con ADV, la palabra "advertisement" o "anuncio". No empezar "este e-mail se envía por …" y nunca usar la palabra "free" o "gratis" –especialmente en mayúsculas.

- **Dirección**: al configurar su sitio Web y las cuentas de correo asociadas al mismo, no cree cuentas del estilo: sales@tudominio.com o ventas@tudominio.com –esto le garantiza casi absolutamente que su e-mail acabará en la carpeta de spam.

- **En el mensaje nunca incluya**: "de forma gratuita" o "gratis" o expresiones como "ingresos extra". Para evitar esto, algunos profesionales optan por separar estas palabras o usar expresiones con guiones.

EL FORMATO DE LOS MENSAJES

Si usted usa Internet con regularidad, es probable que haya recibido por lo menos un par de e-mails muy parecidos a lo que sigue:

Estimado amigo,

¡Enhorabuena! Usted ha sido seleccionado

>> para recibir gratis

>>> un portátil nuevo

>durante nuestro sorteo promocional aquí está su código

> XYX Compañía

Esto es resultado de un reenvío múltiple o bien de un pobre formato por parte del remitente. No mucha gente trataría de interpretar este tipo de desastre si se les envió por un desconocido, aun habiendo solicitado información. ¿Cómo podemos evitar que nuestros mensajes lleguen sin el formato adecuado?

En primer lugar, usted debe saber por qué ocurre esto. Cada programa de correo electrónico es diferente, lo que implica que permite diferentes longitudes de línea para sus ventanas. Si su programa de correo electrónico permite 75 caracteres por línea, puede verse bien por pantalla pero cuando lo envía a alguien que sólo puede ver 70 caracteres por línea, los últimos cinco caracteres son movidos a la siguiente línea rompiendo su mensajes con los molestos signos >.

Otro problema en potencia es la fuente que elija. En algunas fuentes cada carácter ocupa la misma cantidad de espacio (Courier New) mientras que en otras (Times New Roman o Arial) la anchura del carácter es variable no ocupando lo mismo, por ejemplo, una "i" que una "w".

Esta variación en el espacio crea el mismo efecto roto que el problema con la longitud de línea.

Mantenga sus mensajes en una fuente con ancho fijo de carácter y asegúrese de que cada línea tiene como máximo entre 60 y 65 caracteres del argo. Cuando alcance el límite, utilice un retorno para iniciar la línea siguiente en lugar de permitir que su programa de procesamiento de texto lo ajuste. Si está utilizando Microsoft Word para componer sus mensajes, hay un contador en la parte inferior de la ventana que le indica la línea y el número de caracteres que escribe, que le pueden ayudar para controlar el largo de línea.

También puede crear una guía en la parte superior de la página en la que está trabajando y que luego eliminará al finalizar el mismo.

Otra forma es enviar el mensaje en formato universal. Muchas personas creen erróneamente que el formato ASCII está en todos los equipos, pero no es así. Usted debe guardar sus mensajes en texto sin formato (casi siempre en una fuente Courier New) o en formato enriquecido (que le permitirá conservar color, negritas, cursivas...). Va a encontrar estos formatos en el cuadro desplegable de la opción Guardar de su editor de texto.

Hay varios programas de respuesta automática para los vendedores de Internet, todos con diferentes características y precios. Uno de estos programas es AWeber, que le permite crear series de auto-respondedores ilimitados y mensajes, con una gran variedad de herramientas de fácil uso y una versión de prueba de 30 días para probar sus servicios por 1$.

CREAR SU PÁGINA WEB

Ahora que tiene su tema, que ha investigado su mercado y compuesto una serie fabulosa de mensajes de auto-respuesta, usted está listo para poner en marcha otro componente fundamental de su campaña de auto-respondedores: su sitio Web.

Su sitio Web tendrá una doble función: un punto de inscripción para los suscriptores opt-in y un punto de venta para los suscriptores que han decidido adquirir su producto. Hay varias cosas que usted debe tener en cuenta al configurar su sitio Web.

BUSCAR UN DOMINIO

¿Qué es un nombre de dominio? Su nombre de dominio, técnicamente, son las palabras en el medio de la cadena de caracteres que se teclea en un navegador Web (por lo general precedido por www y seguido de .com u otra extensión) y que carga su sitio Web en su computadora.

Elegir un nombre de dominio es uno de los pasos más importantes en la creación de su sitio.

Trate de elegir un nombre de dominio que sea fácil de recordar y deletrear. Usted debe evitar el uso de mayúsculas y minúsculas, guiones bajos, medios y caracteres especiales tanto como sea posible. Hay más posibilidades de que la gente visite su Web si son capaces de memorizar su dirección instantáneamente, sin necesidad de utilizar un buscador o ir a favoritos para encontrar su dirección.

Literalmente existen cientos de millones de sitios Web disponibles en Internet, lo que supone que muchos nombres de dominio ya están siendo utilizados. Al decidir su nombre de dominio, seleccione tres o cuatro opciones que le gusten y luego vea si están disponibles en un sitio como LifeDomains.net o Register.com. Si ve que sus nombres no están disponibles con la extensión .com, pruebe con otras como .net, .org, .cc o .info.

NOTA: *si su producto es un programa de afiliados es probable que tenga un nombre de dominio asignado por la empresa matriz. En este caso, usted debe registrarse para obtener una cuenta gratuita en NameStick.*

BUSCAR UN HOSTING

¿Por qué pagar por un sitio Web cuando se puede obtener de forma gratuita? Hay varias ventajas y desventajas a considerar a la hora de elegir empresas de pago o no para el hosting de su sitio Web.

¿Tiene usted su propio nombre de dominio? Con los sitios Web gratuitos, los nombres de dominio casi siempre se estructuran de esta manera: www.hostcompany.com/yoursitename. Esto hace que su URL sea difícil de recordar y usted puede perder las ventas a consecuencia de ello.

¿Tiene usted un volumen alto de tráfico? Los sitios libres tienen restricciones en el ancho de banda. Esto significa que después de que una cierta cantidad de personas visite su sitio Web la página ya no se cargará y sus potenciales clientes recibirán un mensaje del estilo "Este sitio Web ha superado su límite de ancho de banda".

¿Debe estar su sitio Web online en todo momento? Algunos servidores son mejores que otros. Con un sitio gratis se corre el riesgo de que los servidores se caigan y muestren el temido mensaje "Error 404: Página no encontrada" cuando se haga clic en su sitio. La mayoría de los sitios de pago tienen protocolos para hacer frente a un fallo en el servidor.

¿Debe convertirse en un programador? Antes de inscribirse en cualquier sitio Web, averigüe si tienen plantillas y opciones para la creación de sitios fácilmente o si usted tiene que crear sus páginas en código HTML. Si va a utilizar un programa como Dreamweaver o FrontPage para crear su sitio esto no es importante, pero sino lo va a hacer y si no sabe HTML debe asegurarse de que usted será capaz de componer su página Web con relativa facilidad.

¿A sus visitantes le importan los anuncios publicitarios y / o desplegables? Probablemente. La mayoría de los sitios gratuitos utilizan publicidad en todas sus páginas, es así como ganan dinero. Los banners son generalmente aceptables pero si tiene una página con tres o cuatro ventanas emergentes que se abren a cada paso, van a estar listos para irse y no volver nunca más. Averigüe que tipo de publicidad utiliza la empresa antes de inscribirse en un programa gratuito.

Esto no quiere decir que no deba probar con un sitio gratuito. Especialmente cuando usted está empezando un sitio libre puede ser justo lo que necesita y siempre se puede actualizar a un sitio de pago posteriormente. Por este motivo puede ser buena idea buscar una empresa de alojamiento que ofrezca ambos servicios (o simplemente empezar con un sitio de pago).

Echemos un vistazo a estos proveedores de sitios Web:

GRATIS

- **hostinger.com**: alojamiento Web gratuito con un ancho de banda y almacenamiento adecuado, además de un considerable número de funciones gratuitas. También ofrece sitios de pago con los nombres de dominio libres y más espacio de almacenamiento y ancho de banda.

- **000Webhost**: un sitio Web gratuito que incluye blog y álbum de fotos.

- **Yahoo!**: similar a hostinger ofrece paquetes gratuitos y de pago y un montón de herramientas. No es necesario HTML.

DE PAGO

Hostgator: los planes comienzan en menos de 4,95$/mes e incluyen un montón de almacenamiento y ancho de banda. Requiere de HTML.

AHORA: VENDER SU PRODUCTO

¿Cuáles son los componentes de un sitio Web de éxito impulsado por auto-respondedores? A continuación se presenta una guía para la creación de un sitio Web integrado que es completamente funcional, fácil de usar y lo más importante: vende su producto.

La página de destino: esta es la portada de su sitio Web; los visitantes que navegan por Internet la abrirán cuando se haga clic en su enlace en un buscador. Básicamente, será una carta de ventas. El propósito principal de la página de destino es conseguir suscriptores para su inclusión en su lista de envíos de e-mail.

La página del producto: esta es la página a la que va a conectarse la gente desde sus mensajes de respuesta automática, donde la gente va a comprar su producto a través de un carrito de compra o enlace de PayPal. Dependiendo del tipo de host que usted elija, puede tener un sistema de carrito de compra integrada en la página. La página de productos puede contener testimonios o gráficos sobre los beneficios de la compra de su producto.

La página de recursos: mediante la creación de una página donde los visitantes puedan encontrar información útil, libre y actualizada con frecuencia, usted aumentará el tráfico y los enlaces entrantes. Los enlaces entrantes son una poderosa manera de aumentar su ranking en los motores de búsqueda. Este es el lugar para proporcionar algunos de los artículos escritos por usted y otros expertos (con su permiso, por supuesto)

Opción de suscribirse: asegúrese de colocar una dirección

de correo electrónico para la suscripción para vincularlo a su auto-respondedor en cada página a su sitio Web. Además, proporcione un enlace a su página de producto. Sea consistente, honesto y directo.

¿Le parece muy complicado? Visite estos ejemplos de sitios Web de éxito para tener una idea de cómo debería ser su sitio:

- **Instant Internet Profits**: uno de los muchos programas basados en la respuesta automática de éxito del gigante Yanik Silver.

- **BizPromo**: un ejemplo donde se ofrecen libros electrónicos de regalo con el uso de un auto-respondedor para entregar un boletín.

- **Magnet4web**: anuncia un video de siete partes gratuitos de comercialización por Internet, entregado por un auto-respondedor.

- **The One-Minute Millionaire**: gran ejemplo de utilización por tiempo limitado.

CUENTAS: PAYPAL Y CLICKBANK

PAYPAL

¿Cómo van a pagar sus clientes su producto? Si alguna vez ha realizado una compra en línea, usted sabrá que la mayoría de los sitios Web que tienen algo que vender aceptarán tarjetas de crédito y probablemente habrá oído hablar de PayPal: es el servicio en línea de transferencias más grande del mundo. Las cuentas son libres de crear y puede comenzar a aceptar dinero de sus clientes. Puede tener la cuenta de PayPal vinculada directamente a su cuenta corriente.

Las cuentas de vendedor de PayPal le permiten aceptar pagos con tarjetas de crédito. Usted paga un porcentaje por cada transacción desde un 1,9 hasta un 2,9%. Usted puede ajustar el precio de su producto para cubrir estos cargos.

CLICKBANK

ClicBank es un servicio de marketing en Internet que le permite vender su producto a través de su sitio Web y también permite a sus afiliados vender su producto para usted. La configuración de una cuenta de ClickBank supondrá un único pago de 49,95$, sin cuotas mensuales, y al igual que PayPal, cobran un pequeño porcentaje de las ventas.

Sin embargo, se debe fijar un precio de comisión para las ventas de los afiliados. Su beneficio por unidad será menor pero su volumen de ventas será mucho mayor.

También puede inscribirse como afiliado o revendedor al programa de ClickBank y vender productos de otras personas por una comisión. Esto le permitirá recibir múltiples flujos de ingresos de una misma fuente.

EL CONTENIDO DE SU WEB

El contenido de su sitio Web es tan importante como el contenido de su mensaje de respuesta automática. Siga las mismas reglas para evitar que su sitio sea considerado spam: evite muchos gráficos o fuentes enormes de colores, no escriba todo en mayúsculas y cuide la puntuación y que la gramática y la ortografía son correctas. Mantenga el contenido de su Web simple, claro e informativo.

Además, un sitio Web supone una gran oportunidad para obtener negocios. Una forma de lograr esto, que le ayudará además a posicionarse mejor en los buscadores, es ofreciendo contenido nuevo e interesante. Añada nuevos artículos o enlaces semanalmente para que la gente vuelva pronto a visitar su Web.

Por encima de todo debe ser profesional. No trate de hacer que su producto se vea mejor destrozando a otros productos o vendedores, no exagere o incluya descripciones que nada tienen que ver con su producto y no mienta. Lo crea o no la honestidad sigue siendo muy valorada en el mercado y esta le hará ganar más ventas y ganar buena reputación. Usted cree en su producto así que permita que este hable por sí mismo.

CONSTRUIR UNA LISTA OPT-IN

Repasemos en primer lugar lo que es una lista opt-in: es una colección de direcciones de correo electrónico que reciben personas que están interesadas en su producto y que solicitaron unirse a su lista de auto-respondedores. Esto significa que sus mensajes de respuesta automática no serán considerados spam y la reputación de su negocio va a ayudar a generar confianza en el consumidor e incrementar las ventas.

Ahora que usted sabe por qué necesita una lista opt-in, vamos a hablar acerca de cómo conseguir una. Hay varias maneras de recolectar direcciones para su lista opt-in y usted puede llegar a desarrollar una amplia base de suscriptores.

LOS MÉTODOS GRATUÍTOS

Aunque estas técnicas de fomento de la lista suponen un poco más de tiempo y esfuerzo que los métodos de pago puede ser un sistema eficaz para usted de conseguir más suscriptores. De hecho puede que ya haya hecho gran parte del trabajo durante la fase de investigación de mercado.

ARTÍCULOS

Usted puede escribir artículos relacionados con el tema o

artículos que contienen parte de la información que se encuentra en su producto y publicarlos a través de Internet. Asegúrese de que el artículo contiene información útil que despierte el interés de sus lectores y conseguir que estos quieran más. Al presentar sus artículos a otros sitios para su publicación, incluya su nombre (y nombre de la empresa si cuenta con uno) y un enlace a su sitio Web. Si cuenta con credenciales profesionales incluya una breve biografía.

E-BOOKS Y SORTEOS / CONCURSOS

Del mismo modo la idea de conseguir regalos valiosos será de interés para sus clientes potenciales. Obtenga libros electrónicos sobre el tema o uno personalizado y luego ofrézcalo como un incentivo para registrarse a su lista opt-in.

También puede anunciar un concurso para regalar un determinado número de unidades de su producto entre personas que se inscriban en la lista durante un periodo determinado de tiempo.

NOTA: *establecer un límite de tiempo de registro y número de regalos da a la gente un incentivo adicional para actuar con rapidez. Es una técnica que puede interesarle utilizar en sus mensajes de auto-respondedores.*

MINI CURSOS

El desarrollo de un mini e-curso es una gran manera de despertar el interés de los compradores potenciales.

Cuando desarrolle el mini e-curso, divida su producto en varias secciones, incluyendo algunos secretos en cada lección pero no todos ellos.

Recuerde a los suscriptores que más información se puede encontrar en la versión completa del producto e incluya enlaces tanto a la página del producto como a la de destino del auto-respondedor.

Pop-ups

Los anuncios pop-up pueden ser un medio eficaz para la recopilación de direcciones cuando se utiliza en su propio sitio. A nadie le gusta visitar un sitio sobre un tema que le gusta y ser bombardeado con pop-ups pero usado en su propio sitio, los anuncios pop-up sirven para que la gente sepa de inmediato que pueden registrarse en su lista y obtener exactamente la información que están buscando entregada directamente a su bandeja de entrada. Estudios recientes han demostrado sobre el terreno que los anuncios pop-up pueden aumentar los niveles de ventas hasta en un 33%.

MÉTODOS DE PAGO

Cuando se trata de construir una base de suscriptores sin apenas inversión el camino que hay que recorrer es muy largo. La mayoría paga los métodos de creación de listas ya que son relativamente baratos y si se utilizan bien se puede conseguir un buen listado en poco tiempo.

En todos los métodos de pago para la obtención de suscriptores, usted necesitará su URL completa y una breve descripción de su sitio (tres líneas como máximo). Sea claro y convincente. Usted necesitará además una lista de palabras clave con la que desea que la gente sea capaz de encontrar su sitio a través de los motores de búsqueda.

PPC (Campañas de pago por clic - Pay-Per-Click)

Son campañas publicitarias que atraen visitantes a su página de destino por la publicidad en sitios estratégicos en la página de resultados de búsqueda con las palabras clave relacionadas con su tema.

El término "pago por clic" se refiere a la forma en la que usted paga por los anuncios. El programa de este estilo más popular es Google AdWords, si bien todas las campañas funcionan de la misma manera.

He aquí como funciona: cuando usted se inscribe con AdWords, usted presenta una lista de palabras clave y descripciones de productos. Por ejemplo, si estaba ofreciendo un libro electrónico sobre como aumentar sus ganancias con su Web, una lista de palabras clave podría ser: Web, beneficios sitio Web, aumentar ganancias, Internet, beneficio en línea, negocio en línea, hacer dinero con su Web, etc. Introduciremos el mayor número de palabras clave y términos de búsqueda como sea posible para aumentar las posibilidades de conseguir visitantes. También puede considerar la inclusión de los errores ortográficos más comunes de las palabras clave más importantes.

NOTA*: usted puede utilizar la herramienta de palabras clave gratuita de Google para generar los temas de búsqueda relacionados con su tema.*

Los anuncios de AdWords aparecen en la parte derecha de las páginas de resultados de búsqueda de Google, en las casillas sombreadas. Los anuncios consisten en cuatro líneas: la primera línea es el título de su anuncio, la última es la URL y las dos líneas centrales son un texto descriptivo. La longitud está limitada a 25 caracteres para el título y 35 para el texto descriptivo. No se puede usar repetición o puntuación excesiva ni símbolos o abreviaturas inapropiados.

Un ejemplo podría ser:

```
Free Reports!
Boost your online sales
Get internet marketing secrets
www.yoursite.com
```

```
Online Success
Increase your web site profits
Get free information here
www.yoursite.com
```

```
Internet Business Explosion
7 free reports that will
make your web site profitable
www.yoursite.com
```

AdWords funciona sobre la base del pago por clic. Esto significa que usted sólo paga por el anuncio si alguien hace clic en ellos. Al configurar una cuenta de AdWords se asigna un valor monetario a las palabras clave de acuerdo a la cantidad que está dispuesto a pagar por cada clic en sus términos de búsqueda (el valor mínimo es un centavo).

Puede iniciar una cuenta con 5$ y ver incrementar su tráfico sin mayor inversión, sin embargo es posible que desee invertir un poco más en publicidad. Además del mínimo, también puede establecer un coste máximo por clic para sus palabras clave. Si se alcanza el máximo, AdWords determinará automáticamente el precio más bajo que usted necesita para mantener su ranking.

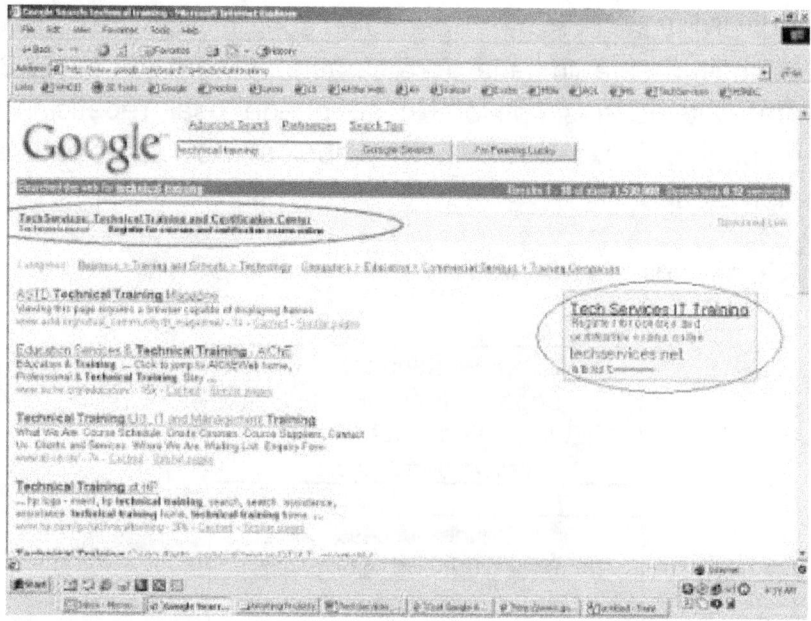

Yahoo! también ofrece un programa de PPC. La principal diferencia con el de Google es que este tiene un gasto mínimo mensual de 50$. Usted puede encontrar más efectivo uno que otro y siempre es útil utilizar diferentes métodos.

ANUNCIOS CLASIFICADOS

La colocación de anuncios clasificados, tanto en línea como impresos, son una gran forma de bajo coste de llegar a sus suscriptores en potencia. Hay un montón de sitios de anuncios clasificados gratis pero el volumen de visitas que recibirá gracias a ellos no compensa el tiempo que pasará en darlos de alta.

Al redactar anuncios clasificados, recuerde que usted tiene un espacio limitado para su mensaje. Le recomendamos que utilice la misma fórmula que en las campañas de PPC: título, breve descripción y URL.

Para la publicación de anuncios clasificados en medios impresos, eche un vistazo a los periódicos locales y regionales. Clasifique sus anuncios adecuadamente, estudiando en detalle en que sección encajan mejor.

También hay muchos lugares en línea para la colocación de anuncios, desde Webs hasta boletines. Muchos boletines obtienen sus ganancias de la colocación de anuncios clasificados; si usted puede encontrar uno relacionado con su tema, con una lista grande de suscriptores puede valer la pena comprar un anuncio o incluso una serie de anuncios secuenciales.

La mejor manera de colocar anuncios clasificados es buscar revistas electrónicas y boletines de noticias que bien tratan directamente su tema o este sería de interés para su público objetivo; averigüe el número de suscriptores y los precios.

Compare precios entre diferentes medios, busque promociones y descuentos para listados secuenciales. Puede comenzar echando un vistazo a estos directorios de boletines de noticias para empezar:

- **E-zine Directory**: más de 3.000 revistas electrónicas y boletines con opción de búsqueda por tema o palabra clave.

- **Jogena**: cientos de revistas electrónicas, la lista se actualiza con frecuencia. Este sitio también cuenta con un directorio de libros electrónicos gratuitos que puedes descargar y regalar como incentivos a sus clientes.

- **eZINESearch**: un directorio de más de 10.000 revistas electrónicas y en crecimiento, listados por categoría.

- **ListCity**: miles de revistas electrónicas y boletines organizados por tema y con la opción de búsqueda por palabra clave.

LISTAS DE CO-REGISTRO

¿Recuerda que cuando mencionamos incluir la opción de sugerir a un amigo o familiar en sus mensajes de auto-respuesta con un mensaje del tipo: "Envíe esta información a un amigo" o "Sugiere esta Web a un amigo? Aquí es en donde las listas de co-registro intervienen.

La inscripción en estas listas de co-registro, básicamente, supone que forma una sociedad con otros comerciantes de Internet que venden productos similares al suyo. Cada persona en la lista se compromete a solicitar a sus suscriptores que "accedan" a sus asociados a enviar información de su producto. Las listas de co-registro son una forma extremadamente rápida y económica de conseguir una enorme lista de suscriptores y trabajar más rápido para lograr los mismos resultados que casi cualquier otro método.

La desventaja de este sistema es que por lo general es el método más caro. Aun así no estamos hablando de cientos de dólares. Al igual que las campañas de PPC, usted paga por los suscriptores que hacen clic y sólo por aquellos suscriptores que en realidad terminan el proceso de registro. El coste medio por suscriptor es de 10 centavos de dólar.

Algunos de ellos serían:

- corregistros.com
- xploramail.com
- optincollect.com
- Advertising.com
- BulletMail
- Octaval.com
- Advertise-me.es
- E-target.com
- Copywriter.com

CONSEGUIR TRÁFICO A SU WEB

Una vez que tenga su producto, su serie de mensajes de respuesta automática y todas sus cuentas en su lugar, es hora de dirigir el tráfico a su sitio Web y ver a su máquina de generar dinero en acción.

A continuación vamos a revisar varios métodos para atraer visitantes a su sitio y aumentar su proporción de ventas de clics con su serie de auto-respondedores.

Optimización

Haga su sitio visible para los motores de búsqueda mediante el uso de palabras clave pero no abuse de su uso. Más del 90% de los usuarios encontrará su sitio a través de los motores de búsqueda y la información más relevante de rastreadores Web. Mencione sus palabras clave a menudo pero no coaccione a sus visitantes con ellas. Además de generar una mala imagen a sus visitantes puede conseguir que su sitio sea prohibido por los motores de búsqueda.

Además asegúrese de que usted envía su sitio con regularidad a los motores de búsqueda, ya sea manualmente o con un servicio de envío. Los siguientes son un listado que ofrecen estos servicios:

- **1 2 3 Submit PRO**: ofrece el envío a 21 motores de búsqueda a cambio de un enlace reciproco y por una cuota a varios miles más. También ofrece análisis de sitios Web y servicios de optimización.

- **Ineedhits**: envío libre a 20 motores de búsqueda. Google no está entre ellos (lo ideal sería utilizarlo en conjunto con otro).

- **SubmitExpress**: servicio de envío gratuito a más de 20 motores de búsqueda, incluyendo Google, Yahoo! y MSN.

- **SubmitShop**: libre envío a 100 motores de búsqueda pero usted deberá entrar de uno en uno en todos ellos.

- **SubmitFire**: servicio de pago. Ofrece la opción de envío a más de 3.000 motores de búsqueda, incluye informes, popularidad de los enlaces y el ranking del sitio. Exige la firma de un contrato de un año de duración con una cuota aproximada de 7,95$ al mes.

LO PRIMORDIAL: QUE SUS VISITANTES VUELVAN

Actualice su sitio Web constantemente. Introduzca nuevos artículos e información sobre su tema que interesarán a las personas que visitan su Web. Sus clientes estarán felices de contar con más de un producto y usted mantendrá a los motores de búsqueda activos haciendo una lista de los nuevos contenidos.

Una forma de mantener a los visitantes y conseguir más tráfico es a través de la vinculación recíproca. Esta práctica consiste en la colocación de enlaces a otros sitios en su

Web a cambio de un enlace suyo. Usted puede crear una página separada para sus enlaces, de esta forma dará más oyentes a sus recursos. Aunque no influye tanto como otro tipo de enlaces en los motores de búsqueda, estos también tienen algo de peso.

Es importante asegurarse de que todos los enlaces salientes y recíprocos en su Web estén relacionados con su tema, de lo contrario dará una mala imagen profesional y perjudicará su rango.

EVITAR LAS LISTAS NEGRAS

Absténgase de enviar spam y hacer que su sitio Web sea incluido en las listas negras. Esto supone que un motor de búsqueda prohíbe su sitio o la dirección IP de sus anuncios… y la prohibición es permanente

Otras acciones que podría situar a su sitio en las listas negras son:

- **Mirror Web sites**: esto ocurre cuando se registra más de un nombre de dominio para publicar exactamente el mismo contenido. Esta es también una razón para no plagiar el contenido de otros sitios, ya que puede que estos estén en una lista negra y desafortunadamente su sitio sea incluido también en el listado.

- **Texto invisible**: anteriormente era muy común incluir un largo listado de palabras clave en letra pequeña y del mismo color que el fondo. El texto es invisible para los visitantes pero no para los motores de búsqueda.

- **Enviar su página demasiadas veces**: mantenga una frecuencia de 30 días para enviar su página a los motores de búsqueda.

- **Usar un host gratuito**

Si usted está interesado en saber si su sitio ha sido bloqueado puede controlar algunas de las listas negras más populares mediante la búsqueda de su sitio en MAPS Realtime Blackhole List o SpamCop.

Si bien pertenecer a una de las listas negras es algo totalmente indeseable estar presente en una lista blanca puede ser muy beneficioso. Estas son listas de sitios seguros a los que se les permite enviar mensajes a sus clientes de correo electrónico. Usted puede escribir directamente a los ISP (proveedores de servicios en Internet como AOL, Yahoo o MSN) y solicitar estar en su lista blanca.

Otra forma para estar en la lista blanca es suscribirse a un programa de remitente certificado como Habeas, donde los ISP pueden acceder a la lista para saber si un remitente está calificado no spam.

Otra opción es solicitar a sus suscriptores que modifiquen sus filtros de correo electrónico para permitir su correo.

CAMPAÑAS PARA CONSTRUIR SU LISTA

Por supuesto, los medios más eficaces de dirigir tráfico a su sitio serán su serie de auto-respondedores. Sus mensajes bien elaborados enviarán a la gente a su Web para conocer qué es lo que les puede ofrecer. Solo debe asegurarse de dar una buena razón para ir allí y grandes razones para volver.

Y sobre todo, recuerde esto: ¡Diviértase!

ACERCA DEL AUTOR

Este libro ha sido escrito por Arturo Marín Villa, director y consultor de marketing online desde 2009 para diversas grandes y medianas empresas españolas y americanas.

www.ingramcontent.com/pod-product-compliance
Lightning Source LLC
Chambersburg PA
CBHW061159180526
45170CB00002B/876